DU SYSTÈME

ADOPTÉ

POUR ARRIVER AU MINISTÈRE,

EN RÉPONSE

A M. DE CHATEAUBRIAND.

A PARIS,

Chez {
DUPONCET, Libraire, quai de la Grève, n°. 20 ;
DELAUNAY, Libraire, Palais-Royal, Galeries de bois.

1818.

DU SYSTÈME

ADOPTÉ

POUR ARRIVER AU MINISTÈRE.

LA brochure de M. de Chateaubriand était annoncée depuis long-temps. On sait que cet illustre écrivain, habile à saisir le moment favorable au plus grand effet, lance ses brochures comme *des coups d'état.*

Les singularités remarquables que présente la chambre des députés, les déplacemens d'opinions, les nouveaux systèmes d'attaque et d'alliance paraissaient offrir une de ces crises où les voix des chefs se font entendre, pour ranimer les partis et leur donner une direction décisive; mais d'une autre part, on pouvait croire qu'il était assez difficile que l'auteur de la Monarchie selon la Charte, pût satisfaire à l'attente publique. Il est une certaine progression de véhémence nécessaire à l'effet, et que M. de Chateaubriand s'était interdite par l'exagération de son premier ouvrage. Lorsqu'on a proclamé depuis un an la trahison d'un ministère, et la chute d'une monarchie, il ne reste plus rien de piquant à dire. C'est un sujet usé d'avance, et pour faire sensation, il faudrait revenir à des idées raisonnables, moyen

neuf pour l'auteur, mais pénible, précisément par ce
défaut d'habitude qui le rend encore neuf. Il faudrait
cette fois substituer les faits aux injures, et les idées
politiques aux souvenirs chevaleresques. Il faudrait
prendre la France telle qu'elle est ; se dire, que le but
de la Charte n'était pas complètement atteint, parce
qu'il existait une assemblée qui avait pris en son nom
un immense pouvoir ; convenir, que la Charte avait
été reçue par la France comme une garantie des
intérêts établis, comme une barrière contre l'esprit
d'exclusion et d'inégalité, et qu'enfin, si on avait
voulu, si on avait pu en faire un autre usage, il en
serait résulté de nouveaux malheurs, et la réaction
poussée à l'excès n'aurait enfanté que la révolution.

Si vous avouez ce seul fait que l'état de compres-
sion et de rigueur qui a existé en 1815, ne pouvait
être l'état durable de la France, qu'il fallait en
sortir tôt ou tard, la question change ; il ne s'agit plus
de regretter que l'influence de la majorité de 1815,
ne se fasse plus sentir. Il faut examiner si, cette influence ayant cessé, comme cela était inévitable
d'une manière ou de l'autre, toute la marche de
l'administration, en devenant plus modérée, a cessé
d'être monarchique. Il faut prouver, non pas,
que des intentions malveillantes ont existé, mais
qu'il n'y a pas eu de vigueur et d'activité pour les
prévenir et les repousser. La crainte et l'arbitraire,
les dénonciations, les destitutions, les emprison-
nemens, sont des moyens de pouvoir très-com-
modes. Quand un gouvernement les abdique, il
doit savoir que ses ennemis vont devenir moins
timides, que quelques personnes qui se cachaient,

reparaîtront; que quelques autres qui se taisaient, parleront; il doit le savoir, et ne pas le craindre.

En vérité, c'est une chose singulière que de voir les mêmes personnes professer à la fois le constitutionnalisme le plus rigoureux, et la plus excessive intolérance. Ne savent-elles donc pas que l'effet inévitable de la liberté, est de donner protection à tout ce qui n'est pas évidemment justiciable des lois, et que vouloir la liberté, c'est se résigner d'avance à souffrir l'impunité de plus d'un scandale.

Un système contraire avait été imaginé par quelques hommes d'esprit, qui peut-être n'étaient pas de bonne foi, et par quelques hommes passionnés; il était fondé sur une analogie trompeuse. On disait : La puissance illimitée des assemblées a renversé le trône, concentrons la même force dans une assemblée royaliste ; elle affermira la monarchie, elle formera une sorte de dictature nécessaire pour terminer les révolutions, et qui, exercée collectivement, n'en sera que plus irrésistible et plus forte.

Je ne parle pas des calculs d'ambition personnelle qui pouvaient se mêler à cette vue générale. Je la suppose entièrement désintéressée ; elle n'en était pas moins fausse. Pour enchaîner ainsi toutes les opinions sous le joug, il fallait combiner une espèce de gouvernement représentatif, renfermé dans un petit nombre de familles. Mais alors, qui aurait préservé cette assemblée contre les tentations de son propre pouvoir ? et dans un pays où il n'y a pas seulement des libertés à défendre, mais des droits acquis à conserver, quelle garantie aurait rassuré la nation sur les entreprises de ceux qui annonçaient la volonté de tout changer, et qui en auraient eu la puissance? car c'est une tentative toujours possible, en risquant une révolution.

Ce projet manqué et impraticable, nous est révélé chaque jour par les hommes qui parlent du *beau gouvernement représentatif* qu'ils auraient créé, s'ils avaient été les maîtres, et qui s'indignent que telle personne ne soit pas proscrite, que telle autre ait l'audace de se montrer et d'écrire ; par les hommes qui déclament contre l'esclavage de la presse, et qui proposent des amendemens libéraux, pour faire saisir les réimpressions de Voltaire et de Rousseau. Ils demandent la liberté, et ils se plaignent de ne pouvoir jouir contre leurs ennemis, de tous les avantages de l'arbitraire: ils imputent au gouvernement une tolérance qui lui est ordonnée par la loi ; mais ce n'est pas tout. Non-seulement le gouvernement est coupable des oppositions qu'il souffre, des réactions qu'il n'exerce pas, non-seulement il est coupable, parce que quelques hommes sont libres et confians sous la sauve-garde des lois : il est coupable encore de la résistance qu'il oppose à ces mêmes hommes et à leurs opinions. On lui reprochait de ne pas les opprimer ; on lui reproche maintenant de ne pas les accueillir. « C'est un délit du ministère, que tel » nom ait été porté aux élections; pareil scandale » ne serait pas arrivé, si nous étions en pouvoir, cer-» tainement si la loi d'amnistie eut été plus com-» plète, comme nous le voulions, tel individu ne serait » pas éligible, et si nous avions nous-mêmes organisé la » liberté de la presse, tel autre individu n'aurait pas »attiré l'attention publique par l'éclat de ses brochures.»

Mais voici maintenant un autre délit plus grave du ministère ; il a résisté aux principes qu'on l'accusait d'encourager. Il a écarté les hommes qu'on l'accusait d'appeler. Il s'est efforcé comme le dit M. de Chateaubriand, *de ravir à des classes de citoyens leur droit d'éligibilité.* En bonne foi, que veulent dire ces plaintes amères et contradictoires, sinon peut-être qu'on en veut beaucoup au gouvernement d'avoir proposé une loi juste et nationale, et surtout de ne l'avoir pas laissé tourner contre lui, et qu'on lui sait également mauvais gré, d'avoir fait une bonne chose, et de n'avoir pas fait une sottise ; double mécontentement, tout-à-fait naturel de la part d'un membre de l'opposition à la manière anglaise.

Sans doute, lorsqu'à la suite du mouvemement de 1815, la loi des élections fut proposée, tout le monde devait prévoir que l'on entrait dans une carrière nouvelle, et que l'on changeait de difficultés. Une réunion considérable d'électeurs prise en grande partie dans les fortunes moyennes, susceptible, comme le sont les hommes en masse, d'être influencée par tout ce qui attire vivement l'attention, présentait des chances moins paisibles que celles que peut offrir un salon électoral composé d'une centaine de riches propriétaires, parmi lesquels des intérêts de famille ou de société, suffisent pour accaparer une petite majorité de suffrages. Mais on faisait un pas immense vers la réalité du système représentatif. On décidait un problème dont il faut convenir que la chambre de 1815 avait rendu la solution fort douteuse, au moins dans l'apparence ; ce qui produit le même résultat politique. On assurait une base à la Charte, et on garantissait sa durée. Jamais acte populaire n'est émané d'un gouvernement, sans donner un point d'appui à l'esprit d'indépendance. Jamais un droit n'a été accordé aux hommes réunis, sans qu'il y ait une occasion possible pour l'erreur et l'entraînement. C'est à la sagesse du gouvernement, c'est à la majorité éclairée de la nation à lutter contre ces chances qui sont les inconvéniens et la preuve de la liberté même.

M. de Chateaubriand établit dans son ouvrage, que les dernières élections ont présenté partout la gradation suivante : deux cinquièmes d'indépendans, deux cinquièmes de royalistes, un cinquième de ministériels. Les proportions respectives de ce calcul, nous paraissent démenties par le résultat même des élections ; mais enfin de la supposition même de M. de Chateaubriand il sort une vérité, c'est que partout la réunion des hommes attachés au trône légitime formerait la majorité.

Il est vrai que M. de Chateaubriand propose un préservatif contre cet avantage ; ceux qu'il appelle exclusivement royalistes, pourront dans les élections comme à la tribune voter avec les indépendans. Mais si ce résultat est vraisemblable, si l'extrême opposition de principes produit la coalition d'intérêts, quelle force conserve ce titre de royalistes que vous alléguez avec tant de hauteur ? à quelle pierre de touche pourra-t-on le reconnaître ? heureusement, M. de Chateaubriand se trompe ; ces contrastes singuliers entre l'opinion et la passion, ces anomalies politiques ne peuvent pas appartenir à tout le monde. C'est quelquefois une erreur des hommes, de croire qu'ils peuvent communiquer leurs exagérations à ceux qui ne partagent pas leur position. Sur un grand théâtre, les engagemens de l'amour propre, l'animosité du combat, une confiance excessive dans des intentions qu'on croit puissantes, parce qu'elles sont pures, voilà les causes qui peuvent amener des sacrifices de ce genre. Mais supposer que le citoyen paisible ira contre l'instinct de sa conscience, porter ses suffrages sur l'homme qu'il croit dangereux, précisément parce qu'il s'exagère peut-être les mauvaises intentions de cet homme; qu'il le poussera de ses vœux, parce qu'il le hait d'une haine trop vigoureuse; c'est vouloir l'impossible, c'est prêter à tout le monde ce sublime de contradiction, auquel peut à peine atteindre, en faisant effort sur lui-même, un homme célèbre soutenu par les regards et la curiosité publique. Nous le disons avec confiance, la loi des élections n'eut-elle eu d'autre résultat que de montrer à tous les amis du trône, qu'au milieu des divergences d'opinion, ils sont toujours les plus nombreux, que leur réunion fera toujours leur force, et qu'ils ont besoin de se réunir; elle aurait produit un grand bien. Tôt ou tard en effet l'opposition doit devenir en France ce qu'elle est partout, la lutte de l'esprit démocratique contre le développement de la prérogative royale. M. de Chateaubriand le reconnaît dans sa brochure, et c'est en conséquence de cette vérité qu'il travaille à aigrir les divisions des amis de la couronne.

« La condition des royalistes, dit, M. de Chateau-
» briand, est devenue pire qu'elle ne l'a été depuis
» qu'on a cessé de les proscrire ; ils sont restés nus

» comme ils étaient sous Bonaparte , haïs comme des
» vainqueurs , dépouillés comme des vaincus. »

Avant de discuter ces étranges paroles , il faudrait bien s'assurer du sens que renferme ce mot de royaliste. Désigne-t-il exclusivement les hommes qui , liés par la naissance et l'honneur , ont suivi le destin du trône, et se sont exilés avec un noble dévouement? sans doute ce n'est pas à ce petit nombre que l'auteur veut s'arrêter ; et d'ailleurs , au lieu de cette demi-proscription dont il parle , il verrait ces mêmes hommes à la tête des conseils , dans les assemblées , dans les dignités militaires ou civiles. Ce mot désigne-t-il les hommes qu'une seconde et terrible épreuve a trouvé fidèles ? Mais je les vois partout, dans les grandes places et dans les premiers rangs de l'armée. Ce mot désigne-t-il quelques personnes, qui ramenées par une conversion très-récente , ont servi le gouvernement royal avec un excès de zèle qu'il n'a point approuvé. Ces personnes n'étaient pas nues sous Bonaparte , et la plupart peuvent encore se couvrir du manteau qu'il leur a laissé. Ce mot exprime-t-il uniquement quelques prétentions intolérantes, que l'auteur de la brochure , est loin de partager ? Mais il est, ce me semble, dans l'intérêt même du trône , que le nom de *royalisme* ne soit pas réservé pour des prétentions qui ne peuvent être le partage que d'un très-petit nombre , et qui sont odieuses à tous. Enfin , ce mot est-il un terme collectif, qui désigne M. de Châteaubriand lui-même et sa situation particulière? Mais pouvons-nous le reconnaître dans ces expressions caractéristiques ? *Haïs comme des vainqueurs, dépouillés comme des vaincus.* De qui donc est-il vainqueur ? et dans cette question adressée à un homme illustre, ne voit-on pas le secret d'une erreur trop commune, et qui a été le plus grand obstacle à la réunion des esprits ? n'y voit-on pas que l'autorité seule du Roi doit être victorieuse, parce que seule, elle n'est humiliante pour personne, et que sa force protége ceux même qu'elle réprime ? C'est le but que le gouvernement a cherché, en ne se mettant sous l'influence d'aucun parti, et en préférant la popularité du trône, au crédit d'une faction ; c'est à l'ascendant de cette politique toute royale, que nous devons l'éloignement des fausses alarmes, le maintien des garanties constitutionelles, la conviction de leur maintien, et cette tranquillité légale qui étonne M. de Châteaubriand, et qui le fait s'écrier : « Et pourtant les acquéreurs des » biens d'émigrés, cultivent en paix leurs champs au » milieu de la Vendée ; immortel exemple de l'obéis- » sance aux lois et à la religion du serment chez les » royalistes. » Mais, pense-t-il de bonne foi, que cette tranquillité qui le surprend, et que sans doute il approuve, paraîtrait aussi bien assurée, si la tribune avait continué de retentir des mots de *restitution et de vol.* Dans cette paix publique, dont il ne faut faire honneur qu'aux lois, et au prince qui les a données, croit-il que l'action administrative ait été sans influence ? Si les passions libres et toute-puissantes avaient sans cesse ébranlé les garanties de la loi ; si les déclarations expressives et le langage énergique et sincère de ces ministres qu'il accuse, n'avaient pas contrebalancé d'indiscrètes attaques, et fait taire des révélations imprudentes, croit-il qu'il aurait lieu d'alléguer aujourd'hui le résultat dont il s'étonne ou se scandalise ? Que si M. de Chateaubriand croit ce résultat nécessaire et juste , qu'il sache qu'on ne doit pas menacer ce que l'on veut et ce que l'on doit maintenir , et qu'une réaction en paroles , jointe à la tolérance obligée des choses , serait de tous les systèmes politiques, le plus faux et le plus funeste. Sans doute on doit regretter que des hommes attachés au trône s'en soient séparés , et que la puissance royale ait trouvé pour contradicteurs, ceux même qui prétendaient l'augmenter et la défendre. Mais d'une division malheureuse est sorti cet avantage, que la nécessité de l'attaque et de la défense a forcé tous les partis à reconnaître et à proclamer les mêmes principes. Ainsi , la Charte s'est affermie dans ces orages ; il a fallu l'invoquer , pour combattre ceux qui déplaisaient, parce qn'ils l'avaient défendue contre le torrent des passions et des souvenirs : on haïssait les ministres, comme partisans des intérêts nés de la révolution ; on leur a fait la guerre au nom des idées constitutionnelles ; et ces idées ont protégé les intérêts qu'on voulait détruire. Ainsi, tout le monde s'est enfermé dans le cercle du gouvernement représentatif.

Le sacrifice des opinions une fois fait , il ne restait à faire que le rapprochement des hommes , transaction plus difficile et plus inquiétante , parce qu'on ne renvoie pas les hommes que l'on a appelés , aussi aisément que l'on rejette une opinion , lorsqu'elle ne paraît plus nécessaire. Aujourd'hui, M. de Chateaubriand proclame et justifie cette dernière réunion. *Grace à Dieu* , dit-il , *la querelle des hommes touche à sa fin. Les royalistes ne repoussent que la lâcheté et le crime. Ils ne sont point ennemis des opinions. Quant* à l'auteur de cet écrit , il pensé qu'on peut rencontrer *des amis sincères de la monarchie constitutionnelle , jus-* *que dans les rangs des anciens partisans de la républi-* *que , lorsqu'ils n'ont point commis de crimes.* Ainsi la réconciliation est enfin complète ; on a pardonné successivement aux choses, aux principes et aux hommes. On a fait tout ce qu'on reprochait au gouvernement, et bien au-delà. Si la querelle des hommes tire à sa fin, qu'est donc devenue la seconde partie de la monarchie selon la Charte ? Qu'est devenu ce plan d'une épuration si étendue et si sévère ? Vous tolérez tout, excepté les crimes. Ce ministère si favorable aux révolutionnaires , a-t-il donc conservé dans les places beaucoup d'hommes chargés de crimes? et tel préfet (1) qui dans sa courte administration a destitué quatre ou cinq cents personnes, n'avait-il fait tomber cette rigueur que sur des fonctionnaires coupables d'un ou de plusieurs crimes.

Grace à Dieu, la querelle des hommes tire à sa fin. Pour hâter cette heureuse pacification, à laquelle il a tant contribué par ses ouvrages, M. Chateaubriand félicite les indépendans qu'il appelle la petite minorité, du talent et de la mesure qu'ils ont montrés dans cette session. Mais en bonne foi croit-il à ces fausses réunions? Espère-t-il les rendre vraisemblables ? Pensé-t-il qu'on lui sache gré de sa feinte douceur ? Qu'il

---

(1) Un préfet dont M. de Châteaubriand invoque le témoignage, et que sans doute il voulait offrir en exemple, avait poussé si loin la fureur de destituer , que la liste des personnes qu'il a privées de leurs emplois , forme plusieurs pages in-fol. Il y avait donc bien des criminels dans ce département !

lise ces ouvrages, où les indépendans publient la partie de leur politique, qu'ils ne disent pas à la tribune : il sera, sans doute, touché des éloges que l'on fait subir aux royalistes, et de l'ironie impérative avec laquelle on les condamne à persévérer extérieurement dans le système d'agression qu'ils ont embrassé. La louange d'un ennemi est un avertissement de prendre garde à soi. Mais la louange et la raillerie, jointes ensemble, annoncent que la faute est déjà faite, et que ceux qui en profitent, ne croient plus avoir besoin de s'en cacher.

Je ne doute pas que M. Chateaubriand, de son côté, ne fasse cette réunion avec la même sincérité de cœur. Mais, combien ces nouveaux alliés seraient-ils promptement divisés par leur triomphe ? Il y a des choses heureusement incompatibles. Dans les plus grandes concessions que fait cet imprudent plénipotentiaire de son parti, il y a tel mot, que ceux auxquels il s'adresse n'accepteront jamais, et qui serait le signe de guerre au milieu du traité d'alliance.

Les partis se résignent à de grands sacrifices; mais ils ne se dépouillent pas d'eux-mêmes. Leur dissimulation, leurs changemens, sont une marque de leur violence : ils ne sacrifient tant, que parce qu'ils veulent vaincre à tout prix; et je ne connais guère que l'espérance de se proscrire l'un l'autre, qui puisse déterminer certains ennemis à se rapprocher, parce que l'on tient encore plus à sa haine qu'à sa conscience.

Mais cette réunion, dit M. de Chateaubriand, n'est qu'un accord involontaire. Les deux minorités, sans se chercher, se sont *rencontrées dans des principes com-*

muns de liberté et de *justice*. Pourquoi donc la loi des élections trouve-t-elle dans M. de Chateaubriand un si rigoureux censeur? pourquoi la proposition de cette loi populaire est-elle un des crimes qu'il reproche au ministère? Vous alléguez la réunion des deux minorités comme une preuve qu'il faut avoir doublement tort, pour armer contre soi deux partis opposés ; mais ne voyez-vous pas que ces partis ne s'entendent que sur ce qui peut favoriser leurs desseins personnels, et fournir des armes à leur haine? ils ont invoqué de concert la liberté des journaux, parce qu'elle était pour eux le moyen de se combattre. Ce sont des ennemis qui se font des politesses en public, pour être laissés à eux-mêmes, et avoir la liberté de s'attaquer corps à corps. Du reste, sur quelle idée politique pourraient-ils s'acorder? Dans leur unanimité relativement à la question de la presse, n'étaient-ils pas encore séparés par une différence fondamentale? Agitez toutes les autres questions, l'organisation militaire, l'enseignement public, l'état de la religion, vous verrez éclater d'irréconciliables ressentimens. L'accord sur un seul point, le moyen de se combattre et de renverser ceux qui maintiennent la paix, à défaut de concorde, n'est donc nullement un accord de principes ; c'est un accord de haines. Dans toutes les autres questions politiques, le ministère verra ses adversaires se réfuter l'un l'autre, avant de le combattre. Argumenterez-vous cette fois de ce concours d'attaques, dans un but et avec des moyens divers? Compterez-vous encore pour vos auxiliaires, ceux qui attaqueront au nom des principes républicains? Ne vous y trompez pas, dans cette réunion des deux minorités, l'avantage n'est pas égal. L'une arrive avec tous ses principes, toutes les conséquences de ses principes ; et de plus, elle a le plaisir de vous forcer à les confirmer par vos suffrages. Elle ne vous donne rien, elle reçoit tout de vous.

Le public ne comprend pas vos restrictions mentales, et ne conçoit rien à ce bisarre amalgame que vous prétendez faire, de royalisme et d'hostilité tribunitienne, d'idées libérales et de piété. Il ne voit que le dehors ; il aperçoit que les attaques de la minorité indépendante ont été jusqu'à présent appuyées par les vôtres. Il en conclut qu'il existe une force irrésistible en faveur des indépendans ; et comme leurs idées sont plus populaires que les vôtres, comme elles se tiennent beaucoup mieux, qu'elles parlent bien davantage aux passions de la foule, ils héritent seuls de l affaiblissement de l'autorité, contre laquelle vous luttez comme eux, et pour eux.

Songez-y bien ; dans le conflit actuel des opinions, les indépendans seuls occupent une position avantageuse et naturelle. Seuls, ils avancent en marchant. Que le développement progressif de nos institutions, concoure avec l'affermissement du trône ; que nos libertés soient plus complètement assurées, à mesure que la monarchie se consolidera ; que le Roi soit toujours le modérateur de ce mouvement, qu'il perfectionne son ouvrage, et ne le laisse pas envahir ; les indépendans n'auront pas de popularité personnelle à réclamer ; leurs doctrines seront désarmées de ce qu'elles ont d'hostile et d'intempestif ; la France jouira sans secousse de la plénitude de ses droits. Il n'y a que la popularité d'un trône bienfaisant et ami

des lois, qui puisse être opposée à la popularité de
ces idées de liberté toujours si puissantes sur l'esprit
des peuples, et qui sont secondées par la pente
naturelle de nos institutions. Mais si vous enlevez au
trône cette gloire ; si vous arrachez à la hâte toutes
les conséquences de la Charte ; si vous faites que
l'on doive plus à la liberté, qu'au Monarque qui nous
l'a rendue, ce n'est pas à vous que passera la popularité. Vous aurez travaillé à la déplacer, vous ne
l'aurez pas conquise ; et ne savez-vous pas que dans
cette enchère de liberté, il y aura toujours des gens
dont la voix couvrira la vôtre ? et ce sont ceux
même qui nourrissent les intentions les plus crimi-
nelles et les plus contraires à vos vœux.

Vous vous vantez de votre fidélité ; vous avez
suivi la fortune du trône sur une terre étrangère ;
vous êtes royalistes par dévouement et par honneur ;
et vous vous efforcez d'arrêter l'action du pouvoir
royal, et vous réclamez les principes démocratiques ;
mais ne savez-vous pas que dans cette route, vous
serez devancés par le moindre républicain ; par tout
homme mécontent ou destitué ? Vous avez d'autres
intentions que ces hommes ; ce sont eux précisément
que vous voulez combattre ; je le crois, et ils le
croient aussi : mais les maximes imprudentes une
fois mises en avant, se propagent plus vite que les
bonnes intentions ne se réalisent. Les résultats ac-
tuels et immédiats ne sont pas balancés par vos pro-
jets ultérieurs. Tout ce qui est pris sur l'autorité
royale, tourne à l'extension des idées démocratiques.
Tout ce qui affaiblit le prix des concessions déjà
faites est à l'avantage de ceux qui en demanderaient

bientôt de nouvelles. Pour vous, la concession d'un ministère vous suffirait ; mais il y a des hommes qu'on ne satisferait pas à si peu de prix. C'est contre ces hommes et contre tous les auxiliaires qui les secondent, que le gouvernement doit lutter avec vigueur ; c'est en assurant notre repos intérieur, l'affranchissement de nos frontières, le développement complet de la Charte, déjà trop avancé pour que l'inquiétude sur nos libertés soit autre chose qu'une hypocrisie, ou risible ou perfide, c'est par une marche forte et franche entre tous les excès, que le gouvernement méritera la confiance publique, qui vaut bien celle d'un parti. M. de Chateaubriand s'étonne de la durée du ministère, et son existence, attaquée de toutes parts, lui paraît *un phénomène qui ne se rattache à rien.* Il est d'abord singulier, qu'un royaliste aussi zélé que M. de Chateaubriand oublie totalement l'influence de la volonté royale ; mais c'est aussi une grande illusion de ne pas voir que la France renferme un nombre prodigieux de personnes qui veulent seulement sureté légale et liberté, deux choses qui, depuis vingt-cinq ans, n'ont jamais existé en France, plus véritablement qu'aujourd'hui.

J'ignore si M. de Chateaubriand nous donnerait davantage ; mais je lui conseille de ne pas s'appuyer sur des auxiliaires qui nous donneraient autre chose.

A. BOBÉE, Imprimeur de la Société royale Académique des Sciences de Paris, rue de la Tabletterie, n°. 9.